Metin Kececi

Jesus im Islam

Eine Reflexion aus dem Koran

Jesus im Islam

Eine Reflexion aus dem Koran

Verfasser

Metin Kececi

Bibliografische Information der Deutschen Nationalbibliothek:
Die Deutsche Nationalbibliothek verzeichnet diese Publikation in der Deutschen Nationalbibliografie; detaillierte bibliografische Daten sind im Internet über http://dnb.ddb.de abrufbar.

ISBN 978-3-96103-318-8

www.rediroma-verlag.de
14,95 Euro (D)

Im Namen Gottes, des Gnädigen, des Barmherzigen.

الْمَسِيحُ عِيسَى ابْنُ مَرْيَمَ

„Der Messias, Jesus, Sohn Marias“

Inhaltsverzeichnis

Vorwort

Das vorliegende Buch ist eine Reflexion aus dem Koran. Es ist eine Zusammenfassung der Verse aus dem Koran, die sich auf Maria (arabisch: Meryem) und Marias Sohn Jesus (arabisch: Isa) beziehen.

Ich möchte versuchen, mit diesem Buch die fundamentale Bedeutung von Jesus im Islam durch Betrachtung aus der Perspektive des Korans zu zeigen.

Die Verse wurden zur besseren Lesbarkeit in Kapiteln einsortiert. Jeder Vers ist mit Nummer angegeben, sodass es leicht ist, die Verse im Koran zu finden, wenn man sie studieren möchte.

Dülmen, in Januar 2018

Metin Kececi

Information zum Koran

Der Koran (arabisch: Qur'an) ist ein Buch, das von Erzengel Gabriel an den Propheten Muhammed offenbart worden ist. Er besteht aus 114 Kapiteln, die Suren genannt werden. Die Suren haben einen Namen und sind nummeriert. Sie bestehen aus Versen, die auch nummeriert sind. Die kürzeste Sure besteht aus 3 Versen und die längste Sure besteht aus 286 Versen.

Einige der Suren sind in der Stadt Mekka, wo der Prophet geboren ist, und andere sind in der Stadt Medina, wo der Prophet verstorben ist, offenbart worden.

Die vollständige Offenbarung des Korans dauerte 23 Jahre. Der Prophet hat die Verse, die von Erzengel Gabriel offenbart worden sind, aufschreiben lassen. Die aufgeschriebenen Verse sind nach dem Tod des Propheten gesammelt und zu einem Buch gebunden worden, sodass der heutige Koran exakt den gleichen Inhalt hat, der damals aufgeschrieben worden ist. Die Reihenfolge der Verse in den Suren wurde von dem Propheten festgelegt.

Der Koran ist in arabischer Sprache. Er ist in viele Sprachen der Welt übersetzt worden. Die Übersetzungen geben grob den Inhalt des Korans wieder. **Sie können aber nie das Original ersetzen**. **Zum Studieren der Suren und der Verse sind unbedingt sehr gute Kenntnisse der arabischen Sprache erforderlich.**

Über 1,8 Milliarden Muslime auf der ganzen Welt glauben an den Koran. Er nimmt eine große Bedeutung in ihrem Leben ein. Jeder Muslim hat sich nach den Geboten und Verboten in Ihm zu richten.

Nach dem Koran wird Gott die Menschen am Jüngsten Tag nach ihren Taten auf der Erde beurteilen. So gesehen ist das Leben auf der Erde eine große Prüfung für die Menschen. Die Prüfungsergebnisse werden sozusagen am

Jüngsten Tag veröffentlicht. Im Koran heißt es dazu

"21.47 - *Wir werden gerechte, genaue Waagen am Jüngsten Tag aufstellen. Keinem wird im Geringsten Unrecht getan. Auch wenn es um das Gewicht eines Senfkorns geht, erfassen Wir es. Es genügt für die höchste Genauigkeit, dass wir die Abrechnung durchführen."*

Der Name der ersten Sure heißt „**Fatiha**". Sie wird unter anderem im täglichen Gebet in Arabisch rezitiert. Man könnte es mit dem Vaterunser in Christentum vergleichen. Die deutsche Übersetzung lautet wie folgt.

> *1.1 - Im Namen Gottes, des Gnädigen, des Barmherzigen.*
> *1.2 - Lob sei Gott, dem Schöpfer der Welten,*
> *1.3 - dem Gnädigen, dem Barmherzigen,*
> *1.4 - dem Alleinherrscher am Tag des Jüngsten Gerichts!*
> *1.5 - Dir allein dienen wir, und Dich allein*

bitten wir um Hilfe und Beistand.
1.6 - Führe uns den geraden Weg,
1.7 - den Weg derer, denen Du die Gnade erwiesen hast und nicht derer, die sich Deinen Zorn zugezogen haben und in die Irre gegangen sind!
Amen.

Die Verse in diesem Buch sind nach der **offiziellen Reihenfolge** der Suren nummeriert.

Die erste Zahl der Versnummer gibt die Nummer der Sure an, die zweite Zahl nach dem Punkt die Nummer des Verses.

Ein Beispiel: Vers 1.7 heißt, 1.Sure Fatiha und Vers Nr.7 in der Sure Fatiha.

Marias Geburt

3.35 - Die Frau 'Imrâns sprach einst: "Herr, ich habe gelobt, Dir das Kind, das ich in meinem Leib trage, zu weihen. Nimm es von mir an! Du hörst alles, Du bist allwissend."

3.36 - Als sie das Kind geboren hatte, sprach sie: "O Herr, ich habe ein Mädchen zur Welt gebracht. " Gott aber wußte am besten, was sie geboren hatte. Ein Junge ist nicht wie ein Mädchen. "Ich habe es Maria (Meryem) genannt. Ich bitte Dich um Schutz vor Satan für sie und ihre Nachkommenschaft."

3.37 - Ihr Herr nahm sie gnädig an und ließ sie schön heranwachsen. Er gab sie Zacharias (Zakariyya) in Obhut. Sooft Zacharias zu ihr in die Gebetskammer kam, fand er bei ihr Nahrung. Er fragte: "O Maria, woher hast du das denn?" Sie antwortete: "Es ist von Gott. Gott gibt Nahrung wem Er will ohne Grenzen."

Maria wird auserwählt

3.42 - Einst sprachen die Engel: "Maria, dich hat Gott auserkoren, geläutert und dich vor allen Frauen der Welt auserwählt."

3.43 - "Maria! Ergib dich deinem Herrn, wirf dich nieder und knie dich hin mit den Betenden!"

3.44 - Dies sind Nachrichten aus dem Verborgenen, die Wir dir, Muhammed, offenbaren. Du warst ja nicht unter ihnen, als sie ihre Lospfeile (ins Wasser) warfen, um zu erfahren, wer Maria in seine Obhut nimmt; und du warst nicht dabei, als sie deswegen stritten.

Gott verkündet Maria die frohe Botschaft

3.45 - Einst sprachen die Engel: "Maria, Gott verkündet dir eine frohe Botschaft durch ein Wort von Ihm. Sein Name ist Jesus, Sohn Marias, der Messias (al-Masîh 'Isa Ibn Meryem). Würdig ist er im Diesseits und im Jenseits. Er gehört zu denen, die in Gottes Nähe weilen. "

3.46 - "In der Wiege und im Mannesalter wird er zu den Menschen sprechen. Er gehört zu den Rechtschaffenen."

3.47 - Sie sprach: "Herr, wie soll ich einen Sohn gebären, da mich kein Mann berührt hat?" Darauf hörte sie sagen: "So ist Gott. Er schafft, was Er will. Wenn Er etwas beschließt, sagt er nur: 'Es sei!' und es ist."

3.48 - Gott wird ihn das Buch, die Weisheit, die Thora und das Evangelium lehren.

Jesus wird als Gesandter zu den Kindern Israels geschickt

3.49 - Er wird ihn als Gesandten den Kindern Israels schicken, denen er verkünden wird: "Ich bin zu euch mit einem Zeichen Gottes, eures Herrn, gekommen. Ich schaffe euch aus Lehm eine vogelähnliche Figur, die werde ich anhauchen, so daß sie mit Gottes Erlaubnis zu einem Vogel wird. Ich heile den Blinden und den Aussätzigen und rufe die Toten mit Gottes Erlaubnis ins Leben zurück. Ich kann euch sagen, was ihr essen werdet und was ihr zu Hause an Vorräten speichert. Darin liegt fürwahr ein Zeichen für euch, wenn ihr zu glauben gewillt seid."

3.50 – "Ich bin zu euch gesandt worden, um zu bestätigen, was schon vor mir da war, die Thora, und euch einiges zu erlauben, was euch verboten worden war. Mit einem Zeichen von Gott, eurem Herrn, bin ich zu euch gekommen. So fürchtet Gott und gehorcht mir! "

3.51 - "Gott ist mein und euer Herr. Ihn sollt ihr verehren. Das ist der gerade Weg."

Keuschheit Marias

21.91 - Gedenke Marias, die ihre Keuschheit wahrte. Wir hauchten ihr von Unserem Geiste ein und machten sie und ihren Sohn zu einem Zeichen für die Welten.

66.12 - Desgleichen von Maria, 'Imrâns Tochter, die ihre Keuschheit bewahrte. Wir hauchten ihr von Unserem Geist ein. Sie glaubte an die Worte Gottes (Seine Gebote und Verbote) und an Seine Schriften und gehörte zu den Gott demütig ergebenen Gläubigen.

Jesus Geburt

19.16 - Gedenke im Koran Marias, als sie sich von ihren Angehörigen entfernte und an einem Ort im Osten aufhielt.

19.17 - Sie trennte sich von ihnen durch einen Vorhang, und Wir schickten ihr Unseren Geist (Gabriel), der sich ihr in der Gestalt eines wohlgeformten Menschen zeigte.

19.18 - Sie sagte: "Ich bitte Gott, den Barmherzigen, um Beistand gegen dich. Du mögest gottesfürchtig sein."

19.19 – "Ich bin doch ein Bote deines Herrn, damit ich dir einen reinen Sohn beschere."

19.20 - Da sagte sie: "Wie könnte ich einen Sohn bekommen, wo mich kein Mann berührt hat und ich nicht unkeusch gewesen bin?"

19.21 - Er antwortete: "So ist es. Also sprach dein Herr: 'Das ist mir ein leichtes. Wir machen ihn zu einem Zeichen für die Menschen als eine Barmherzigkeit von Uns. ' Es ist eine beschlossene Sache."

19.22 - So empfing sie ihren Sohn und begab sich mit ihm in ihrem Leibe an einen fernen Ort.

19.23 - Als ihre Wehen einsetzten, während sie an einem Palmstamm lehnte, sprach sie: "Ich wünsche mir, ich wäre tot und völlig vergessen!"

19.24 - Da rief er ihr von unten zu: "Sei nicht traurig! Dein Herr hat dir unten einen kleinen Fluß bereitet."

19.25 – “Biege den Stamm der Palme zu dir hin, so werden weiche Datteln auf dich fallen! “

19.26 - "Iß, trink und sei zufrieden! Wenn immer du einen Menschen siehst, deute ihm an: 'Ich habe dem Barmherzigen gelobt, mich des Sprechens zu enthalten, so werde ich heute zu keinem Menschen sprechen.' „

19.27 - Da begab sie sich mit ihm zu ihren Angehörigen, die ihr sagten: "Maria, du hast etwas Abscheuliches getan!"

19.28 - "Du Schwester Aarons! Dein Vater war kein verdorbener Mann und deine Mutter nicht unkeusch.“

19.29 - Sie deutete auf ihn. Da sagten sie: "Wie können wir mit einem Kind im Wiegenalter sprechen?“

19.30 - Da sprach er: "Ich bin ein Diener Gottes. Er wird mir das Buch (das Evangelium) geben und mich zum Propheten bestimmen."

19.31 – "Er hat mich, wo immer ich bin, gesegnet und mir befohlen, zu beten und die Zakat-Abgaben zu entrichten, solange ich lebe. "

19.32 – "Ich soll gut zu meiner Mutter sein, und Er machte mich nicht zu einem anmaßenden, bösen Gewalttäter."

19.33 - "Friede sei mit mir am Tag meiner Geburt, am Tag meines Todes und am Tag meiner Wiedererweckung zum Leben!"

19.34 - Das ist 'Isa ibn Meryem - Jesus, Marias Sohn. Das ist die Wahrheit, an der sie zweifeln.

19.35 - Es ist ausgeschlossen, daß Gott einen Sohn hat. Erhaben ist Er. Wenn Er etwas verfügt, sagt Er nur: "Es sei!" und so ist es.

19.36 – "Gott ist mein Herr und euer Herr, so dienet Ihm! Das ist der gerade Weg."

19.37 - Die Sekten haben untereinander über ihn gestritten. Wehe den Ungläubigen! Sie werden einen gewaltigen Tag (den Jüngsten Tag) erleben.

19.38 - Wie deutlich werden sie hören und sehen an dem Tag, an dem sie zu Uns kommen werden. Die Ungerechten sind in eindeutigem Irrtum.

19.39 - Warne sie vor dem Tag der höchsten Wehklage, wenn die Entscheidung bereits gefallen ist! Sie waren im Diesseits unachtsam und ungläubig.

19.40 - Wir sind es, die die Erde mit allen und allem darauf erben, und zu Uns werden sie zurückgebracht werden.

23.50 - Wir machten den Sohn Marias und seine Mutter zu einem Zeichen, und Wir gewährten ihnen sichere Zuflucht auf einer Anhöhe mit gutem Boden und Wasser.

23.51 - Allen Gesandten sagten Wir: "Eßt von den erlaubten guten Nahrungsmitteln und verrichtet gute Werke! Ich weiß genau, was ihr tut."

Jesus und Heilige Geist

2.87 - Wir gaben Moses die Thora und ließen ihm andere Gesandte folgen. Jesus, Marias Sohn, gaben Wir leuchtende Beweise und bestimmten den **heiligen Geist** ihm beizustehen. Wenn immer Gottes Gesandte zu euch mit Botschaften kamen, die euch nicht gefielen, wurdet ihr so von Hochmut gepackt, daß ihr einige für Lügner hieltet und andere ums Leben brachtet.

2.252 - Das sind Gottes Verse, die Wir dir mit der Wahrheit vortragen. Du bist wahrlich einer der Gesandten Gottes.

2.253 - Diesen Gesandten haben Wir Vorzüge gewährt, dem einen mehr als dem anderen. Unter ihnen ist der, zu dem Gott sprach. Einige waren höher gestuft als die anderen. Jesus, Marias Sohn, gaben Wir die klaren Beweiszeichen, und Wir unterstützten ihn mit dem **Heiligen Geist**. Wenn Gott es gewollt hätte, hätten sich die Menschen nach diesen Gesandten nicht entzweit (und gegeneinander keine Kriege geführt), besaßen sie doch die klaren Beweiszeichen. Doch sie stritten miteinander und gingen verschiedene Wege. Einige glaubten an Gott und andere leugneten Ihn. Wenn Gott es gewollt hätte, hätten sie einander nicht getötet. Aber Gott macht, was Er will.

57.28 - O ihr Gläubigen! Fürchtet Gott und glaubt an Seinen Gesandten! So wird Er euch doppelten Anteil Seiner Barmherzigkeit gewähren und euch Licht geben, das euch leitet, und euch eure Sünden vergeben. Gott ist voller Vergebung und Barmherzigkeit.

Jesus und Offenbarung

2.136 - Sagt: "Wir glauben an Gott, an den uns herabgesandten Koran, an die **Offenbarungen**, die Abraham, Ismael, Isaak, Jakob und Jakobs Kindern herabgesandt wurden, an das, was Moses, Jesus und den Propheten **offenbart** wurde. Wir machen keinen Unterschied zwischen den Propheten, und wir ergeben uns Gott allein."

3.84 - Sprich: "Wir glauben an Gott, an die **Offenbarung**, die Er uns herabgesandt hat, an das, was Er Abraham, Ismael, Isaak, Jakob und dessen Nachkommen herabgesandt hat, und an die **Offenbarungen**, die Moses, Jesus und die Propheten von ihrem Herrn bekommen haben. Wir machen keinen Unterschied zwischen ihnen und sind Gott ergeben."

4.163 - Wir haben dir **Offenbarungen** gegeben, wie Noah und den Propheten nach ihm wie Abraham, Ismael, Isaak, Jakob und den Propheten aus Jakobs Geschlecht wie Jesus, Hiob, Jonas, Aaron und Salomo. David gaben wir ein Buch voller Weisheit.

Jesus und Wunder

5.110 - Einst sprach Gott zu Jesus, Marias Sohn: "Gedenke der Gunst, die Ich dir und deiner Mutter erwiesen habe, daß Ich dich durch den Heiligen Geist unterstützt habe, daß du in der Wiege zu den Menschen sprachst und im Mannesalter; daß Ich dich die Schrift, die Weisheit, die Thora und das Evangelium gelehrt habe; daß du aus Lehm Vogelfiguren mit Meiner Erlaubnis schufst und ihnen Leben einhauchtest; so wurden sie Vögel mit Meiner Erlaubnis; du hast mit Meiner Erlaubnis den Blinden und den Aussätzigen geheilt; und die Toten ins Leben gerufen mit Meiner Erlaubnis; denke daran, wie Ich die Kinder Israels davon abhielt, dich zu töten; du hast ihnen die leuchtenden Zeichen gebracht; da sagten die Ungläubigen unter ihnen: 'Das ist eindeutig Zauberei.'"

Jesus und der Jüngste Tag

5.116 - Gott wird am Jüngsten Tag sagen: "Jesus, Marias Sohn, hast du den Menschen gesagt, daß sie dich und deine Mutter als zwei Gottheiten außer Gott, Allah, nehmen sollen?" Er wird antworten: "Gepriesen seist Du! Es ziemt sich nicht, daß ich etwas sage, was ich nicht sagen darf. Hätte ich es gesagt, hättest Du es erfahren. Du weißt, was in mir ist, aber ich weiß nicht, was in Dir ist. Du bist der Allwissende, Der um alles Verborgene weiß."

5.117 – "Ich habe ihnen nur das ausgerichtet, was Du mir befohlen hast: 'Dienet Gott, Allah, meinem und eurem Herrn! Ich war ihr Zeuge, solange ich unter ihnen weilte. Als Du mein Leben beendetest, warst Du der Wächter über sie. Du bist doch der allerhöchste Zeuge, Dem nichts entgeht."

5.118 - "Bestrafst Du sie, sind sie Deine Diener, verzeihst Du ihnen, so sind Deine Macht und Deine Weisheit unermeßlich. "

5.119 - Gott wird gewiß sagen: "Dies ist der Tag, an dem die Anhänger der Wahrheit von ihrer Wahrhaftigkeit Nutzen ziehen werden." Für sie gibt es Paradiesgärten, unterhalb derer Flüsse fließen. Dort werden sie ewig bleiben. Gott ist wohl zufrieden mit ihnen, und sie sind zufrieden mit Gott. Das ist der größte Erfolg.

Jesus gehört zu den Rechtschaffenen

6.84 - Abraham schenkten Wir Isaak und Jakob. Beide haben Wir rechtgeleitet. Lange davor leiteten Wir Noah recht. Von seinen Nachkommen haben Wir David, Salomo, Hiob, Joseph, Moses und Aaron rechtgeleitet. Wie Wir sie belohnt haben, belohnen Wir alle, die das Gute tun.

6.85 - Rechtgeleitet haben Wir auch Zacharias, Johannes, Jesus und Elias. Sie alle gehören zu den Rechtschaffenen.

6.86 - Rechtgeleitet haben wir Ismael, Elisa, Jonas und Lot. Wir haben sie allen Menschen vorgezogen.

Von Jesus und Propheten wird Gelöbnis entgegengenommen

33.7 - Einst haben Wir von den früheren Propheten Gelöbnisse entgegengenommen genauso wie von dir, desgleichen von Noah, Abraham, Moses und Jesus, Marias Sohn. Von ihnen haben Wir ein festes Gelöbnis entgegengenommen,

33.8 - damit Er am Jüngsten Tag die Wahrheitsverkünder nach der Verkündigung der Wahrheit befrage. Für die Ungläubigen hat Er eine qualvolle Strafe bereitet.

Jesus wird als Beispiel angeführt

42.13 - Euch hat Er als Religion verordnet, was Er Noah geboten hatte, was dir offenbart worden ist und was Wir Abraham, Moses und Jesus geboten haben. Ihr sollt die Religion aufrechterhalten und nicht darüber streiten. Die Ungläubigen sind zu überheblich, um das anzunehmen, wozu ihr sie aufruft. Gott erwählt, wen Er will und leitet zu Seinem Weg, wer sich andächtig und bußfertig Ihm zuwendet.

43.57 - Als Jesus, der Sohn Marias, als Beispiel angeführt (und mit Adam verglichen) wurde, wandte sich dein Volk mit Geschrei davon ab.

43.58 - Sie sprachen: "Sind unsere Götter nicht doch besser als er?" Sie führten dir das Gleichnis nur der Kontroverse wegen an. Sie sind ein streitsüchtiges Volk.

43.59 - Er war nur ein Diener, dem Wir Gnade erwiesen und zum Beispiel für die Kinder Israels machten.

43.63 - Als Jesus mit den Beweiszeichen kam, sprach er: "Ich bin zu euch mit der Weisheit gekommen, damit ich euch etwas erläutere, worüber ihr gestritten habt. Fürchtet Gott und gehorcht mir!"

43.64 - "Gott ist mein Herr und euer Herr, so dienet Ihm! Das ist der gerade Weg."

Das Mönchtum

57.26 - Wir entsandten Noah und Abraham und gaben ihren Nachkommen das Prophetentum und das Buch. Einige von ihnen waren rechtgeleitet, aber viele von ihnen waren Frevler.

57.27 - Wir ließen ihnen Unsere Gesandten folgen, so Jesus, Marias Sohn, dem Wir das Evangelium gaben; in die Herzen seiner Nachfolger legten

Wir Mitleid und Barmherzigkeit. Das Mönchtum, das Wir ihnen nicht auferlegt hatten, haben sie erfunden und befolgt mit dem Ziel, Gottes Wohlgefallen zu erlangen. Sie hielten es jedoch nicht gebührend ein. Den Gläubigen unter ihnen gaben Wir ihren Lohn, aber viele unter ihnen sind Frevler.

Jesus und die Jünger

3.52 - Als Jesus merkte, daß sie nicht zu glauben gewillt waren, sprach er: "Wer sind meine Helfer auf dem Weg zu Gott?" Die Jünger antworteten: "Wir sind Gottes Helfer. An Gott glauben wir; bezeuge du, daß wir Ihm ergeben sind! "

3.53 - "Unser Herr! Wir glauben an die von Dir herabgesandte Offenbarung, und wir folgen dem Gesandten. Reihe uns unter die Bekenner ein!"

3.54 - Die Widersacher ersannen listige Pläne, doch auch Gott faßte Seine Pläne. Gott ist der beste Planer.

5.111 - Den Jüngern habe Ich eingegeben: 'Glaubt an Mich und an Meinen Gesandten!' Sie sprachen: 'Wir glauben! Sei Zeuge, daß wir Dir ergeben sind!'

5.112 - Einmal sprachen die Jünger: "Jesus, Sohn Marias! Kann dein Herr uns einen Tisch vom Himmel herabsenden? " Er sagte: "Fürchtet Gott, wenn ihr wirklich an Ihn glaubt!"

5.113 - Sie sprachen: "Wir wollen davon essen, damit unsere Herzen sicherer Glaube erfüllt und wir erkennen, daß du uns die Wahrheit ausgerichtet hast, und wir werden dieses Wunder Gottes bezeugen. "

5.114 - Jesus, Marias Sohn, sagte: "Gott, unser Herr! Sende uns einen Tisch vom Himmel herab, daß es ein Festtag für uns alle sei, für den ersten wie für den letzten, ein Wunder von Dir, und ernähre uns, bist Du doch der beste Ernährer!"

5.115 - Gott sprach: "Ich sende ihn euch hinab. Wer dann aber ungläubig wird, den werde Ich so qualvoll bestrafen wie sonst keinen.“

61.14 - O ihr Gläubigen! Seid Gottes Verbündete! Gedenkt, wie Jesus, Marias Sohn, den Jüngern sagte: "Wer sind meine Verbündeten auf meinem Weg zu Gott?" Die Jünger sagten: "Wir sind Gottes Verbündete." Einige der Kinder Israels glaubten an ihn, andere verleugneten ihn. Da standen Wir denen, die glaubten, gegen ihre Feinde so bei, daß sie den Sieg errangen. "

Jesus verkündet den Propheten der nach Ihm kommen wird

61.6 - Einst sagte Jesus, Marias Sohn: "O ihr Kinder Israels! Ich bin von Gott zu euch gesandt worden, bestätige die vor mir offenbarte Thora und verkünde die frohe Botschaft, daß ein Gesandter namens Ahmad nach mir kommen wird." Als er ihnen die Beweiszeichen darlegte, sprachen sie: "Das ist offenkundige Zauberei."

Gott spricht zu Jesus

3.55 - Einst sprach Gott: "Jesus! Ich werde dein Leben beenden, dich zu Mir erheben und dich von dem Übel der Ungläubigen läutern. Deine Anhänger will Ich über die Ungläubigen stellen bis zum Jüngsten Tag. Ihr werdet zu Mir zurückkehren, und Ich werde über eure Differenzen entscheiden."

3.56 - "Was diejenigen betrifft, die ungläubig waren, so werde Ich sie schwer bestrafen, sowohl im Diesseits, als auch im Jenseits. Ihnen wird dann niemand helfen können."

3.57 - Was aber diejenigen betrifft, die auf Gott vertrauen und gute Werke tun, so wird Er ihnen ihren Lohn voll bezahlen. Gott liebt die Frevler nicht.

3.58 - So tragen Wir dir einige Unserer Zeichen und weise Ermahnung vor.

Gott erhebt Jesus zu sich

4.156 - Gott zürnt ihnen, weil sie nicht glaubten und gegen Maria eine unerhörte Verleumdung vorbrachten,

4.157 - und weil sie sagten: "Wir haben Gottes Gesandten, Jesus Christus, den Sohn Marias, getötet." Die Wahrheit ist, daß sie ihn weder getötet noch gekreuzigt haben, sondern es war ein anderer, den sie für Jesus hielten. Sie sind über ihn im Zweifel, und ihre Ansichten gehen auseinander. Sie wissen darüber nichts, sondern gehen ausgeklügelten Vermutungen nach. Sie haben ihn gewiß nicht getötet."

4.158 - Gott hat ihn zu Sich erhoben. Gott ist allmächtig und Seine Weisheit kennt keine Grenzen.

4.159 - Unter den Schriftbesitzern gibt es keinen, der nicht vor seinem Tod an ihn glaubt und erkennt, daß er Gottes Gesandter ist. Am Jüngsten Tag wird er als Zeuge erscheinen und die Wahrheit über sie aussagen.

Jesus ist Gottes Diener und das Wort, das er Maria verkündete

4.171 - O ihr Schriftbesitzer! Treibt es mit eurer Religion nicht zu weit! Sagt über Gott nichts anderes als die Wahrheit! Jesus Christus, Marias Sohn, ist nur Gottes Gesandter und das Wort, das Er Maria verkündete und eine Seele von Ihm. Glaubt an Gott und an all Seine Gesandten! Sagt nicht, die Götter seien drei! Hört damit auf, das ist das Beste für euch! Gott ist Einer. Gepriesen sei Er! Er ist darüber erhaben, daß gesagt werden könnte, Er hätte Nachkommen. Alles, was in den Himmeln und auf Erden ist, gehört Ihm. Auf Ihn allein habt ihr euch zu stützen, hat Er doch alles in der Hand.

4.172 - Jesus Christus wird es nicht aus Hochmut ablehnen, Gottes Diener zu sein; desgleichen die Gott nahestehenden Engel. Diejenigen, die aus Hochmut ablehnen, Ihm zu dienen und sich Ihm gegenüber selbstherrlich verhalten, werden alle am Jüngsten Tag versammelt und zur Rechenschaft gezogen.

4.173 - Diejenigen, die an Ihn glauben und gute Werke verrichten, erhalten ihren Lohn, den Gott gnädig erhöht. Diejenigen, die sich hochmütig und selbstherrlich verhalten, werden qualvoll bestraft werden, und sie werden vor Gott keinen finden, der sich ihrer annehmen oder ihnen beistehen wird.

4.174 - O ihr Menschen! Euch ist von eurem Herrn ein Beweiszeichen zugekommen, und Wir haben euch ein klares Licht herabgesandt.

4.175 - Diejenigen, die an Gott glauben und sich von Ihm beschützen lassen, werden in Seine

Barmherzigkeit und Gunst aufgenommen. Er wird sie auf dem rechten Weg zu Sich leiten.

5.17 - Dem Unglauben haben sich diejenigen verschrieben, die behaupten, Gott sei Jesus Christus, Marias Sohn. Sprich: "Wer könnte gegen Gott etwas unternehmen, wenn Er beschlossen hätte, Jesus Christus, Marias Sohn, seine Mutter und die gesamten Erdenbewohner zu vernichten?" Gott ist der Herr über Himmel und Erde und über alles, was dazwischen liegt. Er schafft, was Er will, und Seine Macht ist absolut uneingeschränkt.

Dient Gott, meinem und eurem Herrn

5.45 - In der Thora haben Wir den Juden vorgeschrieben: Seele um Seele, Auge um Auge, Nase um Nase, Ohr um Ohr, Zahn um Zahn und Wunde um Wunde. Wer auf sein Vergeltungsrecht verzichtet und dem Täter großzügig verzeiht, sühnt damit manches begangene Vergehen. Diejenigen, die nicht nach den von Gott offenbarten Rechtsbestimmungen urteilen, das sind die Ungerechten.

5.46 - Auf ihre Propheten ließen Wir Jesus Christus, Marias Sohn, folgen, der die vor ihm offenbarte Thora bestätigte. Ihm gaben Wir das Evangelium, das Rechtleitung und Licht enthält und die Wahrheit der vorhandenen Thora bekräftigt, als Rechtleitung und erbauliche Ermahnung für die Gottesfürchtigen.

5.47 - Denen, die das Evangelium besitzen, befahlen Wir, nach den darin von Gott herabgesandten Geboten und Verboten zu urteilen. Wer nicht nach der von Gott herabgesandten Offenbarung urteilt, das sind die Übeltäter.

5.72 - Ungläubig sind diejenigen, die sagen, Gott sei Jesus Christus, Marias Sohn. Was Jesus Christus sagte, war aber: "O Ihr Kinder Israels, dient Gott, meinem und eurem Herrn! Wer Gott andere Gottheiten beigesellt, dem hat Gott das

Paradies verboten, und Er führt ihn in die Hölle, die ihm als Heimstätte dient. Die Ungerechten finden keinen, der ihnen heraushilft."

Jesus Christus ist ein Gesandter, dem andere Gesandte vorausgegangen sind

5.75 - Jesus Christus ist weiter nichts als ein Gesandter, dem andere Gesandte vorausgegangen sind. Seine Mutter hat sich der Wahrheit verschrieben. Sie beide waren Menschen, die wie alle anderen Nahrung zum Leben zu sich nahmen. Sieh, wie Wir ihnen die Beweise klar darlegen und sieh, wie sie von der Wahrheit abgebracht werden!

5.78 - Die Ungläubigen unter den Kindern Israels wurden von David und Jesus Christus, Marias Sohn, verdammt, weil sie ungehorsam waren und die Vorschriften Gottes übertraten.

9.30 - Die Juden sagen: " 'Uzair ist der Sohn Gottes", und die Christen sagen: "Christus ist der

Sohn Gottes." Dies sind ihre erdichteten Worte. Sie folgen mit ihren Aussagen dem Beispiel der früheren Ungläubigen. Gott möge sie verwünschen! Wie sie lügen!

9.31 - Sie nahmen ihre Schriftgelehrten und ihre Mönche zu Göttern anstelle von Gott, sowie den Messias, den Sohn Marias. Ihnen war doch nur geboten worden, einem Gott zu dienen, außer Dem es keinen Gott gibt. Erhaben ist Er über das, was sie Ihm beigesellen.

9.32 - Sie wollen Gottes Licht mit ihrem Gerede auslöschen. Gott aber will Sein Licht vollenden, auch wenn es die Ungläubigen hassen.

9.33 - Er ist es, Der Seinen Gesandten mit der Rechtleitung und dem wahren Glauben entsandt hat; Er setzt den wahren Glauben durch, bis Er die Oberhand über alle Religionen gewinnt, auch wenn das den Götzendienern zuwider ist.

Stellung von Jesus in Islam

3.59 - Wahrlich, Jesus ist vor Gott wie Adam, den
Gott aus Staub erschuf, als er sprach: "Er sei!" und
er war."

3.60 - Das ist die Wahrheit, die der Herr dir
offenbart. So zweifle nicht daran, wie manche es
tun!

3.61 - Wenn jemand mit dir darüber debattieren
möchte, nachdem Wir dir dieses Wissen offenbart
haben, so sage: "Kommt herbei! Laßt uns unsere
Söhne und die eurigen, unsere Frauen und die
eurigen und uns selbst und euch herbeirufen und
Gott anflehen, er möge Seinen Fluch gegen die
Lügner ausstoßen. "

3.62 - Dieses ist gewiß der wahre Bericht. Außer
Gott gibt es keinen Gott. Er ist der Allmächtige,
der Allweise.

Fazit

Im Islam ist Jesus ein Prophet und Diener Gottes, wie die Propheten vor ihm und wie der Prophet Muhammed nach ihm. Er ist aber ein besonderer Prophet, weil er wie der erste Mensch Adam keinen Vater hatte.

Die in diesem Buch angeführten Koranverse sind Gottes Gebote, deshalb wird Jesus und seine Mutter Maria von den Muslimen auf der ganzen Welt geachtet und geliebt.

Die Verse spiegeln die Gemeinsamkeiten zwischen Islam und Christentum wieder. Sie könnten eine gute Grundlage für die Verständigung und den Frieden zwischen diesen beiden großen Weltreligionen sein.

Anhang

Die Propheten

Nach dem Islam sind die Propheten Botschafter und Diener Gottes. Der Prophet Muhammed war der letzte Prophet. Es wird keiner mehr bis zum Weltuntergang kommen. Der vorletzte war Jesus. Auch vor Jesus hat Gott Gesandte zu den Menschen zur Rechtleitung geschickt.

Erster Prophet und Diener Gottes war Adam. Nach Adam hat Gott noch viele Propheten zur Rechtleitung zu den Menschen geschickt. Die Menschen waren immer wieder in die Irre gegangen und wussten nicht weiter. Sie flehten Gott immer wieder für Rechtleitung an.

Die Propheten, die im Koran erwähnt werden, sind unter anderem:

Adam, Noah, Abraham, Ismael, Isaak, Lot, Jakob (Israel), Josef, Moses, Aaron, David, Salomo, Elia,

Elisa, Jonas, Hiob, Zacharias, Johannes der Täufer und Jesus.

Viele Propheten sind im Koran namentlich nicht genannt.

Einige Propheten erhielten Gottes Botschaft in Buchform. Z.B. Moses die Thora, Jesus das Evangelium und Muhammed den Koran.

Sie alle hatten eine Aufgabe: Dem einzigen und Allmächtigen Gott dienen und Gottes Botschaft zu den Menschen verkünden. Sie sollten die Menschen vor dem, was sie am Jüngsten Tag und danach erwartet, warnen.

Das Leben des Propheten Muhammed

Der Prophet Muhammed ist im Jahre 571 in der Stadt Mekka geboren. Die Stadt Mekka befindet sich auf der arabischen Halbinsel. Sein Stammbaum geht zurück bis zu Abrahams Sohn Ismael.

Sein Vater war vor seiner Geburt verstorben, seine Mutter starb, als er sechs Jahre alt war.

Er blieb zuerst bei seinem Großvater, danach übernahm sein Onkel Ebu Talib die Erziehung des Neffen. Ebu Talib war ein Händler und er trieb Handel mit Karawanen zwischen Damaskus und Yemen. Er lernte bei seinem Onkel den Handel. Mit 25 Jahren heiratete er die Frau Hatice, seine Geschäftspartnerin, die 15 Jahre älter war als er. Sie war die einzige Frau des Propheten, bis sie im Jahre 620 verstorben ist. Nach ihrem Tod heiratete er aus verschiedenen Anlässen mehrmals.

Als er 40 Jahre alt war, erschien ihm der Erzengel Gabriel auf dem Berg Hira, in der Nähe von Mekka. Er überbrachte ihm die erste Botschaft Gottes. Somit begann die Offenbarung des Korans.

Der Großteil der Bevölkerung von Mekka war damals Götzendiener. In der Kaaba* waren ca.

360 Götzen, zu denen sie beteten. Als er mit der Botschaft kam, dass es nur einen Gott gibt und er Gesandter Gottes ist, glaubten ihm am Anfang nur wenige Menschen. Die ersten, die an ihm glaubten, waren sein bester Freund Ebu Bekir, seine Frau Hatice und Ali, der Sohn seines Onkels Ebu Talib.

Die Anzahl der Menschen, die an ihn glaubten, stieg von Tag zu tag. Er hat 13 Jahre lang Gottes Wort den Menschen in Mekka und Umgebung verkündet. Die Menschen, die an ihn glaubten, wurden von den Götzendienern in Mekka unterdrückt und gedemütigt.

Als die Anführer der Götzendiener einen Anschlag planten, hat er die Einladung der Bevölkerung von Medina angenommen und ist nach Medina Ausgewandert. Die Menschen von Medina liebten den Propheten und hatten schon vorher den Islam angenommen. Der Großteil der

Muslime war schon vorher nach Medina ausgewandert.

Der Prophet Muhammed hat hier in Medina Gottes Botschaft zehn Jahre lang weiter verkündet. Auch hier stieg die Anzahl der Muslime von Tag zu Tag.

Der Anführer der Götzendiener erklärte den Muslimen in Medina den Krieg und hat mehrmals Medina angegriffen. Sie wurden, obwohl sie in der Überzahl waren, immer wieder zurückgeschlagen und es kam zum Friedensvertrag zwischen Mekka und Medina.

Die Muslime durften wieder ihre Heimat Mekka, aus der sie auswandern mussten, und die Kaaba in Mekka besuchen.

Die Mekkaner haben den Friedensvertrag mehrmals gebrochen. Daraufhin marschierte der Prophet mit einer großen Armee nach Mekka. Der Anführer der Götzendiener Ebu Süfyan hat den

Islam angenommen und die Stadt hat sich ergeben.

Prophet Muhammed hat die Kaaba von den Götzen gereinigt und ist wieder nach Medina zurückgekehrt. Nachdem er die letzte Offenbarung erhalten und verkündet hat, war der Koran vervollständigt und seine Aufgabe beendet. Er ist im Jahre 632 in Medina verstorben.

Die Muslime lieben ihn. Für die Muslime ist er der letzte Prophet. Sie glauben, dass es keinen Propheten mehr nach Ihm geben wird. Sein größtes Wunder ist der Koran.

*(Kaaba ist nach Islamischer glaube das erste Gotteshaus auf der Erde und wurde durch Abraham und sein Sohn Ismael in Mekka neu errichtet, nach dem es vorher verloren gegangen war.)

Grundzüge des Islam

Das arabische Wort Islam bedeutet Hingabe zum Gott, sich Gott ergeben.

Der Islam ist eine monotheistische Religion, weltweit über 1,8 Milliarden Menschen glauben an den Islam.

Hauptmerkmal des heutigen Islam ist der Glaube an den einen Gott, den Propheten Muhammed und das an ihn durch den Erzengel Gabriel offenbarte Gotteswort, der Koran.

Das Glaubensbekenntnis des Islam lautet wie folgt:

„Ich bezeuge, dass es keinen Gott außer Allah gibt, ich bezeuge, dass Muhammed Sein Diener und Gesandter ist"

Wer dieses Glaubensbekenntnis ausspricht und mit dem Herzen daran glaubt, wird ein Muslim bzw. eine Muslimin.

Die sechs Säulen des Glaubens sind:

Der Glaube an ,

1. den einzigen Gott

2. seine Engel

3. seine offenbarten Bücher z.B. die Thora, die Evangelien, der Koran

4. seine Gesandten, die Propheten Gottes: darunter Adam, Abraham, Moses, Jesus und zuletzt Muhammed

5. den Tag des Jüngsten Gerichts und das Leben nach dem Tod: Der Mensch werde eines Tages für seine Taten zur Verantwortung gezogen und mit dem Höllenfeuer bestraft oder mit dem Paradies belohnt

6. die Vorherbestimmung

Die 5 Hauptpflichten im Islam sind:

1. Schahāda (islamisches Glaubensbekenntnis)

2. Salāt (Pflichtgebet)

3. Zakāt (Almosengabe)

4. Saum (Fasten im Monat Ramadan)

5. Haddsch (Pilgerfahrt nach Mekka)

Im Islam gibt es keinen Rassismus, wie der folgende Koranvers belegt:

49.13 - O ihr Menschen! Wir haben euch aus Mann und Frau (Adam und Eva) erschaffen und haben euch zu Völkern und Stämmen werden lassen, damit ihr euch kennenlernt. Der Edelste vor Gott ist der Frommste unter euch. Gottes Wissen und Kenntnis sind unermesslich.

Egal, ob Araber, Europäer, Amerikaner, Chinese oder Afrikaner, laut Koran ist der edelste Mensch vor Gott der Frommste, der Gottesfürchtige, der Gottes Verbote und Gebote einhält.

Koranverse in diesem Buch

2.87 / 2.136 / 2.252 / 2.253

3.35 / 3.36 / 3.37 / 3.42 / 3.43 / 3.44 / 3.45 / 3.46 / 3.47 / 3.48 / 3.49 / 3.50 / 3.51 / 3.52 / 3.53 / 3.54 / 3.55 / 3.56 / 3.57 / 3.58 / 3.59 / 3.60 / 3.61 / 3.62 / 3.84

4.156 / 4.157 / 4.158 / 4.159 / 4.163 / 4.171 / 4.172 / 4.173 / 4.174 / 4.175

5.17 / 5.45 / 5.46 / 5.47 / 5.72 / 5.75 / 5.78 / 5.110 / 5.111 / 5.112 / 5.113 / 5.114 / 5.115 / 5.116 / 5.117 / 5.118 / 5.119

6.84 / 6.85 / 6.86

9.30 / 9.31 / 9.32 / 9.33

19.16 / 19.17 / 19.18 / 19.19 / 19.20 / 19.21 / 19.22 / 19.23 / 19.24 / 19.25 / 19.26 / 19.27 / 19.28 / 19.29 / 19.30 / 19.31 / 19.32 / 19.33 / 19.34 / 19.35 / 19.36 / 19.37 / 19.38 / 19.39 / 19.40

21.91

23.50 / 23.51

33.7 / 33.8

42.13

43.57 / 43.58 / 43.59 / 43.63 / 43.64

57.26 / 57.27 / 57.28

61.6 / 61.14

66.12

Liste der Koran Suren

Nr.	Deutsche Name	Arabische Name	Anzahl Verse
1. Sure	Die Eröffnung	Al-Fâtiha	7
2. Sure	Die Kuh	Al-Baqara	286
3. Sure	Die Familie Imrans	Al-Imrân	200
4. Sure	Die Frauen	An-Nisâ	176
5. Sure	Der Tisch	Al-Mâ'ida	120
6. Sure	Das Vieh	Al-An'âm	165
7. Sure	Die Höhen	Al-A'râf	206
8. Sure	Die Beute	Al-Anfâl	75
9. Sure	Die Reue	At-Tauba	129
10. Sure	Jonas	Yûnus (Prophet)	109
11. Sure	Hûd	Hûd (Prophet)	123
12. Sure	Joseph	Yusuf (Prophet)	111
13. Sure	Der Donner	Ar-Ra'd	43
14. Sure	Abraham	Ibrahîm (Prophet)	52
15. Sure	Das Felsengebirge	Al-Hidschr	99
16. Sure	Die Bienen	An-Nahl	128
17. Sure	Die nächtliche Reise	Al-Isrâ	111
18. Sure	Die Höhle	Al-Kahf	110
19. Sure	Maria	Meryem	98
20. Sure	Taha	Tâ Hâ	135
21. Sure	Die Propheten	Al-Anbiyâ	112
22. Sure	Die Pilgerfahrt	Al-Hadsch	78
23. Sure	Die Gläubigen	Al-Mu'minûn	118
24. Sure	Das Licht	An-Nûr	64
25. Sure	Die Entscheidung	Al-Furqân	77
26. Sure	Die Dichter	Asch-Schu'arâ	227
27. Sure	Die Ameisen	An-Naml	93
28. Sure	Die Geschichten	Al-Qasas	88
29. Sure	Die Spinnen	Al-Ankabût	69
30. Sure	Die Oströmer	Ar-Rûm	60
31. Sure	Luqmân	Luqmân	34

Nr.	Deutsche Name	Arabische Name	Anzahl Verse
32. Sure	Die Niederwerfung	As-Sadschda	30
33. Sure	Die Verbände	Al-Ahzâb	73
34. Sure	Saba	Sabâ	54
35. Sure	Der Schöpfer	Al-Fâtir	45
36. Sure	Yâ-Sîn	Yâ-Sîn	83
37. Sure	Die sich Reihenden	As-Sâffât	182
38. Sure	Sâd	Sâd	88
39. Sure	Die Scharen	Az-Zumar	75
40. Sure	Der Gläubige	Al-Mu'min	85
41. Sure	Klargestellt	Fussilat	54
42. Sure	Die Beratung	Asch-Schûra	53
43. Sure	Die Pracht	Az-Zukhruf	89
44. Sure	Der Rauch	Ad-Dukhân	59
45. Sure	Die Kniende	Al-Dschâthiya	37
46. Sure	Ahqâf	Al-Ahqâf	35
47. Sure	Muhammed	Muhammed	38
48. Sure	Der Sieg	Al-Fath	29
49. Sure	Die inneren Gemächer	Al-Hudschurât	18
50. Sure	Qâf	Qâf	45
51. Sure	Die Treibenden	Adh-Dhâriyât	60
52. Sure	Der Berg Tûr	At-Tûr	49
53. Sure	Der Stern	An-Nadschm	62
54. Sure	Der Mond	Al-Qamar	55
55. Sure	Der Gnädige	Ar-Rahmân	78
56. Sure	Das Ereignis	Al-Wâqi'a	96
57. Sure	Das Eisen	Al-Hadîd	29
58. Sure	Die Debatte	Al-Mudschâdala	22
59. Sure	Die Versammlung	Al-Haschr	24
60. Sure	Die Prüfende	Al-Mumtahina	13
61. Sure	Die Reihe	As-Saff	14
62. Sure	Der Freitag	Al-Dschumu'a	11
63. Sure	Die Heuchler	Al-Munâfiqûn	11
64. Sure	Die Übervorteilung	At-Taghâbun	18

Nr.	Deutsche Name	Arabische Name	Anzahl Verse
65. Sure	Die Scheidung	At-Talâq	12
66. Sure	Das Verbot	At-Tahrîm	12
67. Sure	Die Herrschaft	Al-Mulk	30
68. Sure	Das Schreibrohr	Al-Qalam	52
69. Sure	Das Wahrhaftige	Al-Hâqqa	52
70. Sure	Die Allmachtswege	Al-Ma'âridsch	44
71. Sure	Noah	Nûh	28
72. Sure	Die Dschinn	Al-Dschinn	28
73. Sure	Der Eingehüllte	Al-Muzzammil	20
74. Sure	Der Zugedeckte	Al-Muddathir	56
75. Sure	Die Auferstehung	Al-Qiyâma	40
76. Sure	Der Mensch	Al-Insân	31
77. Sure	Die Herabgesandten	Al-Mursalât	50
78. Sure	Die Meldung	An-Naba	40
79. Sure	Die Herausziehenden	An-Nâzi'ât	46
80. Sure	Er runzelte die Stirn	Abasa	42
81. Sure	Die Umwölbung	At-Takwîr	29
82. Sure	Die Spaltung	Al-Infitâr	19
83. Sure	Die Betrüger	Al-Mutaffifin	36
84. Sure	Der Riß	Al-Inschiqâq	25
85. Sure	Die Konstellationen	Al-Burûdsch	22
86. Sure	Der Nachtstern	At-Târiq	17
87. Sure	Der Allerhöchste	Al-A'lâ	19
88. Sure	Die Verhüllende	Al-Ghâschiya	26
89. Sure	Die Morgendämmerung	Al-Fadschr	30
90. Sure	Die Stadt	Al-Balad	20
91. Sure	Die Sonne	Asch-Schams	15
92. Sure	Die Nacht	Al-Lail	21
93. Sure	Der Morgen	Ad-Duhâ	11
94. Sure	Das Weiten	Al-Inschirâh	8
95. Sure	Die Feigen	At-Tîn	8
96. Sure	Der Embryo	Al-Alaq	19
97. Sure	Die Herrlichkeit	Al-Qadr	5

Nr.	Deutsche Name	Arabische Name	Anzahl Verse
98. Sure	Das klare Beweiszeichen	Al-Bayyina	8
99. Sure	Die Erschütterung	Az-Zilzal	8
100. Sure	Die Rennenden	Al-Âdiyât	11
101. Sure	Die Pochende	Al-Qâri'a	11
102. Sure	Die Vermehrungssucht	At-Takâthur	8
103. Sure	Die Zeit	Al-Asr	3
104. Sure	Der Stichler	Al-Humaza	9
105. Sure	Der Elefand	Al-Fil	5
106. Sure	Der Quraisch	Quraisch	4
107. Sure	Die Hilfeleistung	Al-Mâ'ûn	7
108. Sure	Die Gabenfülle	Al-Kauthar	3
109. Sure	Die Ungläubigen	Al-Kâfirûn	6
110. Sure	Der Beistand	An-Nasr	3
111. Sure	Die Palmfasern	Tabbat	5
112. Sure	Der uneingeschränkte Glaube	Al-Ikhlâs	4
113. Sure	Das anbrechende Morgenlicht	Al-Falaq	5
114. Sure	Die Menschen	An-Nâs	6

Quellen

Koran Übersetzung
Prof. Dr. Moustafa Maher
Al-Azhar Universität
Ägypten/Kairo

Peygamberimizin Hayatı
İrfan YUCEL/ Din İşleri Yuksek Kurulu Eski Uyesi
Türkei/Ankara

Index

Ich danke Gott für die Kraft, die er mir beim verfassen dieses Buches gegeben hat.

Ich danke meinen Eltern und meiner Familie.

Dieses Buch habe ich nach bestem Wissen und Gewissen verfasst. Für Fehler in diesem Buch möchte ich mich entschuldigen. Nachweislich gemeldete Fehler werden bei den neuen Auflagen korrigiert.

Metin Kececi